20마당 미리 건네받은 승리의 노래

Victory Song, Already Received

소그룹 성경통독 _ 20마당 미리 건네받은 승리의 노래

초판 1쇄 발행 2007년 6월 25일
2쇄 발행 2012년 11월 20일

지은이 · 조병호
펴낸곳 · 도서출판 **통독원**
주 소 · 서울시 서초구 서초동 1475-3
전 화 · 02)525-7794
팩 스 · 02)587-7794
홈페이지 · www.tongdok.net
등 록 · 제22-2766호(2005.6.27)

ISBN 978-89-92247-12-2 04230
ISBN 978-89-92247-00-9 (전 20권)

책값은 뒤표지에 있습니다.
파본은 바꾸어 드립니다.

BIBLE TONGDOK

소그룹 성경통독 20마당

미리 건네받은 승리의 노래

조병호

통독원

《소그룹 성경통독》을 펴내며

《소그룹 성경통독》 시리즈는 성경과 더욱 가까워지길 원하는 사람들을 위한 책입니다. 이 시리즈는 성경 66권 전체를 다루고 있으며, 시간 흐름에 따라 성경을 역사적 순서대로 재배열하여 체계적인 성경공부가 가능하도록 구성되어 있습니다.

이 책을 통해 세계를 경영하시는 하나님의 놀라운 섭리를 깨닫게 될 것이며, 그분의 말씀에 순종함으로써 삶의 현장 속에서 훌륭하게 쓰임 받았던 하나님의 사람들을 전인격적으로 만나게 될 것입니다.

여러분과 소그룹 구성원들이 이 책을 통해 성경을 통독하는 놀라운 기쁨을 새롭게 체험하길 바랍니다. 각 개인에게는 신앙의 견고성이 더해지고, 성도 간에는 깊은 교제가 이루어질 수 있도록, 본서는 구체적이고 실질적인 도움을 제공할 것입니다. 말씀을 사모하는 여러분에게 하나님께서 충만한 은혜와 지혜를 부어주시기 바랍니다.

목 차

《소그룹 성경통독》을 펴내며 4

이 책의 구성 6

20마당 둘러보기 9

숲이야기1 온몸으로 읽는 책
요한계시록 1-3장

나무 235 미래로 통하는 문 12

나무 236 교회의 승리를 위한 성령의 권면 16

숲이야기2 우리 안에 있는 승리의 환상
요한계시록 4-20장

나무 237 오직 한 분을 위한 노래 26

나무 238 생각보다 가까이 있는 미래 30

나무 239 위로와 격려의 메시지 36

숲이야기3 만물에 깃든 하나님의 기쁨
요한계시록 21-22장

나무 240 만물에 깃든 하나님의 기쁨 44

이 책의 구성

《소그룹 성경통독》 시리즈의 전체 구성은 다음과 같습니다.
- 20개의 〈마당〉 : 성경 전체를 역사 순서대로 재배열하여 20개 마당으로 묶음.
- 66개의 〈숲이야기〉 : 한 마당은 2~4개의 〈숲이야기〉로 구성됨.
- 240개의 〈나무〉 : 소그룹 성경통독을 할 때, 1회의 분량으로 적절한 단위.

1. 소그룹 성경통독의 진행 순서

찬양과 기도 그날 통독본문의 주제와 어울리는 찬양을 함께 부른 후, 성경을 통독하는 가운데 하나님의 마음과 뜻을 깨달아 알 수 있는 지혜를 달라고 기도드립니다.

마음열기 〈나무〉의 내용 중에서 생각해 보아야 할 중요 주제에 대해, 먼저 일상적인 삶 속에서 꺼내어 볼 수 있는 이야기로 생각과 마음을 편하게 나눕니다.

함께읽기 전체 통독본문은 각자가 미리 읽어오는 것이 좋습니다. 그리고 소그룹 모임에서는 '함께 읽으면 좋은 성경 한 장'을 다같이 통독합니다. 합독이나 교독 등, 모든 참석자가 소리를 내어 함께 읽는 것이 좋습니다.

친해지기 그날 모여서 함께 읽은 성경 내용 중에서 쉽게 답을 찾아보고 상상해볼 수 있는 질문입니다. 성경과 친해지는 계기로 삼아보십시오.

말씀의 숲길로

부분이 아닌 전체로, 통전적 관점에서 성경을 보는 안목을 제시합니다. 글의 문맥을 따라가며, 하나님께서 역사하신 '그때 거기서'의 현장 속으로 들어가보십시오.

성경의 빈칸 채워 넣기

각 〈나무〉의 내용 중에서 중요 성경구절을 선별하여, 그 중 2-3개의 단어나 어절에 빈칸을 만들어 두었습니다. 전체 흐름상 그 빈칸에 들어갈 적절한 말이 무엇일지 스스로 생각해 답을 적어 본 후, 정답을 확인해 보십시오. 소그룹 모임의 경우, 각자의 답과 왜 그렇게 생각했는지를 이야기하고, 함께 답을 찾아 읽어보는 것도 좋습니다.

보석찾기

본문 내용 전체를 살핀 뒤, 해당 〈나무〉에서 중요하게 다룬 성경의 내용을 확인해 둡니다.

마음나누기

해당 〈나무〉의 내용을 기초로 말씀을 삶 속에 적용해 보고, 실천의 방향을 함께 나누는 것입니다. 혼자의 경우는 생각해 적어보고, 소그룹 모임의 경우, 각자 적은 내용을 서로 나누도록 합니다.

기도

그날의 성경통독 모임을 통해 깨닫고 느낀 하나님의 마음, 그리고 그 말씀의 기반 위에서 함께 실천하기로 다짐해야 할 사항들을 생각하며 간절히 기도합니다.

2. 일곱 가지 팁

이 책에 실린 팁들은 일곱 가지 종류로 분류되어 있으며, 본문을 읽어가는 중에 참고하시면 성경에 대한 지식과 깊이 있는 이해를 더하는 데에 도움이 됩니다.

하나님의 계획	인간의 짧은 생각으로는 이해할 수 없는 하나님의 깊은 마음과 큰 계획을 소개합니다.
하나님의 사람들	영성과 사회성을 갖춘 하나님의 사람들과 그들이 만들어가는 믿음의 역사를 조명합니다.
리더십	하나님의 사람들이 보여주는 삶의 모범과 리더십의 면모들을 살펴봅니다.
메시지	성경의 사건과 인물들의 삶의 내용을 통해 말씀이 우리의 구체적 삶에 던지는 감동과 깨달음을 새겨봅니다.
지혜창고	성경은 한없는 지식과 지혜의 창고입니다. 성경을 통독해 갈 때에 도움이 될 만한 사항들과 지혜의 실마리들을 정리하여 실었습니다.
✓ 알아두기	성경을 통독해 갈 때에 알아두면 좋은 지식이나 정보 등을 담았습니다.
αΩ 원어해설	성경을 이해하는 데 핵심이 되는 단어들의 히브리어와 헬라어 원어의 뜻을 살펴봄으로써 더 깊은 성경 이해로 나아가도록 돕습니다.

20마당 둘러보기

복의 주인이신 하나님께서 "읽고 듣고 지키는 자에게 복이 되는 책"을 선물로 주셨습니다. 오늘 이 땅에서의 삶을 그분 앞에서 신실하게 지켜나간 성도들, 하나님의 말씀을 읽고 듣고 지키는 자들에게 주어질 진정한 복이 무엇일지, 우리는 요한계시록을 통해 확실히 깨달을 수 있습니다. 요한계시록의 전체 주제는 '그리스도인의 승리의 찬가'라고 할 수 있습니다. 그리스도인의 승리에 대한 선언이며, 찬양의 책입니다. 그 스케일은 대우주의 장엄함에 견줄 만합니다. 글자 하나하나, 어휘 하나하나를 곧장 이해할 수는 없지만, 열심히 읽는 일만으로도 우리의 기쁨이 될 줄로 믿습니다. 요한계시록 통독을 통해 우리는 이미 그리스도인의 승리를 약속하신 하나님 안에서, 우리의 인생 목표를 확고히 세울 수 있는 놀라운 복을 누리게 될 것입니다.

숲이야기 1

온몸으로 읽는 책

요한계시록 1-3장

나무 235 미래로 통하는 문 계 1장

나무 236 교회의 승리를 위한 성령의 권면 계 2-3장

나무 235

미래로 통하는 문

계 1장

찬양 **찬송가 –** 542장 · 주여 지난 밤 내 꿈에
찬 양 – 우리를 사랑하사 그의 피로

기도 이 시간, 말씀을 통독하는 가운데 하나님의 마음과 뜻을 깨달아 알 수 있도록 지혜를 주옵소서.

마음열기 요한계시록의 말씀들을 읽거나 들을 때, 당신의 느낌은 어떠합니까? 특별히 요한계시록의 말씀이 어렵게 느껴지는 이유는 무엇이라고 생각합니까?

함께읽기 함께 요한계시록 1장을 읽어봅시다.

친해지기 사도 요한은 밧모라는 섬에서 이 예언의 말씀을 듣습니다. 이 모든 환상과 예언을 보고 들은 사도 요한에게 주어지는 책임은 무엇이었습니까?

예수님의 승천 이후, 초기 기독교는 벼랑 끝으로 몰리게 되었습니다. 예수님을 믿는 자들은 자신들의 생존을 염려해야 할 만큼 당시의 기득권 세력들과 로마 제국으로부터 핍박을 받게 됩니다. 그러는 가운데 예수님을 끝까지 붙잡았던 많은 이들이 핍박의 제물이 되어 순교의 피를 흘렸고, 어떤 이들은 도망자로서의 삶을 살거나, 붙잡혀 유배되기도 했습니다. 예수님의 제자 요한도 밧모섬에 있는 감옥에 갇혀 있습니다. 어느덧 나이 지긋한 노인이 되었지만 예수 그리스도의 복음을 향한 그의 열정은 여느 젊은이 못지않습니다. 그는 그리스도의 고귀한 희생으로 열매 맺은 교회들을 격려하고 힘을 북돋는 데 최선의 땀을 흘리고 있습니다.

☑ 알아두기

밧모섬 / 요한계시록을 기록한 장소로 보이는 밧모섬은 로마 시대에 정치범들이 유배되었던 곳으로 주변의 둘레가 약 27km 정도 되는 섬이다. 로마 시대에는 이곳에 채석장이 있어서 정치범들이 그곳에서 강제 노동에 혹사당했던 것으로 보인다.

하나님께서 이 요한의 열심을 통해 아시아의 일곱 교회 그리고 더 나아가 수많은 교회들에게 예언의 말씀을 주십니다. 이 말씀은 그리스도인과 교회의 승리를 위해 주신 말씀이요, 이것이야말로 이 말씀의 전체 주제입니다. 한마디로 요한계시록은 '그리스도인의 승리의 찬가' 라고 말할 수 있습니다. 하나님의 승리는 십자가에서 이미 성취되었습니다. 이제 그리스도인 스스로의 승리만이 남아 있습니다. 하나님께서 친히 교회들을 지키시고 보호하시지만, 이 말씀을 주신 이유는 교회들이 복을 받게 하기 위해서입니다. 다시 말해 이 책을 온몸으로 읽어 내고, 받을 복을 쌓으라는 것입니다. 이 말씀은 그리스도인 각자와 교회가 성실하게 그 마음을 지킴으로써 마지막 때에 승리하기를 바라시는 하나님의 사랑입니다.

하나님께서는 스스로를 '알파'와 '오메가', 곧 처음과 마지막이 되신다고 말씀하십니다. 이 세상의 시작에도 하나님이 계셨고, 그 마지막의 주인도 하나님이십니다. 세상 권세를 잡은 사탄의 손에서 역사가 좌우되는 것처럼 보이지만, 실상은 이 모든 것을 하나님께서 주관하십니다. 이 세상을 태초부터 종말까지 이끄시는 분이 누구인지를 잊지 않고 기억할 수 있다면, 환란과 박해의 시간 속에서 겪는 많은 어려움을 최후 승리를 위한 과정으로 여길 수 있을 것입니다.

> "… 그가 오른손을 내게 얹고 이르시되 두려워하지 말라 나는 처음이요 (   )이니 곧 살아 있는 자라 내가 전에 죽었었노라 볼지어다 이제 세세토록 살아 있어 사망과 음부의 (   )를 가졌노니 그러므로 네가 본 것과 지금 있는 일과 장차 될 일을 (   )하라 네가 본 것은 내 오른손의 일곱 별의 비밀과 또 일곱 금 촛대라 일곱 별은 일곱 교회의 사자요 일곱 촛대는 일곱 교회니라" 계 1:17-20

이제 하나님께서는 이 승리의 노래를 미리 건네받을 요한에게 "네가 본 것", "지금 있는 일", "장차 될 일"을 기록하라고 명하십니다. 이것은 이미 준비된 승리의 소식을 건네받아 성도들에게 전하고 글로 남기라는 것입니다. 이 승리의 메시지로 가득한 예언의 말씀을 온몸으로 지켜내는 것이 승리의 미래로 통하는 문입니다.

보석찾기 ○ ● ●

요한계시록은 밧모섬에서 사도 요한이 하나님으로부터 받은 계시의 말씀으로서 '그리스도인의 승리의 찬가'라고 할 수 있습니다. 그리스도인이 최후 승리를 얻으려면 이 예언의 말씀을 어떻게 대해야 합니까? 계 1:3

마음나누기 ○ ● ●

당신은 성경을 얼마나 사랑하며 읽고 듣고 지키고 있습니까? 성경에 대한 당신의 사랑 온도는 1℃에서 100℃ 사이 중 몇 도쯤 되겠습니까?

기도 ○ ● ●

역사를 주관하시는 하나님, 주님의 은혜와 능력을 찬양하며 경배드립니다. 저희가 매일 값없이 누리는 이 생명이 주님께로부터 온 것임을 깨닫고 감사드립니다. 주님께서 주신 말씀을 온몸으로 지켜내어 최후 승리를 얻게 하옵소서.

나무 236

교회의 승리를 위한 성령의 권면

계 2-3장

찬양

찬송가 – 393장 · 우리들의 싸울 것은
찬　양 – 너 어디 가든지

기도

이 시간, 말씀을 통독하는 가운데 하나님의 마음과 뜻을 깨달아 알 수 있도록 지혜를 주옵소서.

마음열기

하나님께서 지금 당신에게 한 가지 권면을 하신다면, 어떤 내용의 권면을 하실 것 같습니까?

함께읽기

함께 요한계시록 2-3장을 읽어봅시다.

친해지기

요한계시록 2-3장에 등장하는 일곱 교회의 특징을 간단히 정리해 봅시다.

말씀의 숲길로 ○●●

"나 요한은 너희 형제요 예수의 환난과 나라와 참음에 동참하는 자라 하나님의 말씀과 예수를 증언하였음으로 말미암아 밧모라 하는 섬에 있었더니 주의 날에 내가 성령에 감동되어 내 뒤에서 나는 나팔 소리 같은 큰 음성을 들으니 이르되 네가 보는 것을 두루마리에 써서 에베소, 서머나, 버가모, 두아디라, 사데, 빌라델비아, 라오디게아 등 일곱 교회에 보내라 하시기로" 계 1:9-11

요한은 환상을 통해 본 성령의 계시를 아시아 일곱 교회에 써 보내게 됩니다. 아시아에 있는 일곱 교회, 곧 에베소, 서머나, 버가모, 두아디라, 사데, 빌라델비아, 라오디게아교회는 그 시대에 퍼져있던 신앙 양상의 대표적인 모습들이라고 볼 수 있을 것입니다. 이 일곱 교회에 주시는 하나님의 말씀을 통독하다보면 하나님께서 그들의 처지와 형편을 정확하게 살피고 계시다는 사실을 알게 됩니다. 하나님께서는 일곱 교회들이 각각 어떠한 점에서 충성스러운지, 어떠한 점에서 책망을 받아야 하는지 분명히 지적하여 주십니다. 여기서 중요한 점은 하나님의 이러한 지적은 단지 그들을 비판하거나 벌 주시려는 것이 아니라, 예수님께서 다시 오시는 그 순간까지 교회들이 하나님을 향한 믿음과 사랑을 굳게 붙잡고 살아가기를 바라시는 마음에서 출발한다는 사실입니다.

첫 번째는 처음 사랑이 식어버린 에베소교회입니다.

"내가 네 행위와 수고와 네 인내를 알고 또 악한 자들을 용납하지 아니한 것과 자칭 사도라 하되 아닌 자들을 시험하여 그의 거짓된 것을 네가 드러낸 것과 또 네가 참고 내 이름을 위하여 견디고 게으르지 아니한 것을 아노라 그러나 너를 책망할 것이 있나니 너의 처음 사랑을 버렸느니라" 계 2:1-4

에베소교회는 모범적인 교회였습니다. 그들에게 거짓을 가르치는 악한 이들을 가려내고 믿음의 바른 진리를 지켰던 교회입니다. 그들의 행위와 수고와 인내는 하나님께서 기억하실 만한 것이었습니다. 그러나 하나님은 그들에게 책망할 것이 있다고 말씀하십니다. 그들이 처음 사랑을 버렸기 때문입니다.

두 번째는 생명의 면류관을 약속받은 서머나교회입니다. 그들에게도 환난과 궁핍이 있었습니다. 여기서 말하는 환난이란 우리가 일상 속에서 당하는 어려움 정도가 아닙니다. 예수 그리스도를 믿는다는 이유로 생명의 위협이 느껴지는 환난입니다. 바로 그들에게 하나님께서는 "죽도록 충성하라"고 요구하십니다. 이미 그들이 충성하고 있지만, 더욱 충성하라고 명하시는 것입니다.

αΩ 원어해설

스테파노스 στέφανος
: 관(면류관) (계 2:10) / '스테파노스'는 '둘러싸다'라는 뜻을 지닌 헬라어 '스테포'에서 유래했으며, '왕관', '화관', '면류관'을 의미한다. '스테파노스'는 운동경기에서 승리한 사람이 쓰는 월계관을 뜻하는 말로 사용되었으며, '기쁨, 슬픔, 탁월'을 표현하기도 한다. 여기에서는 승리와 생명의 면류관이요, 승리한 자에게 주시는 하나님의 영예의 상징이다.

"너는 장차 받을 고난을 두려워하지 말라 볼지어다 마귀가

장차 너희 가운데에서 몇 사람을 옥에 던져 시험을 받게 하리니 너희가 십 일 동안 환난을 받으리라 네가 죽도록 충성하라 그리하면 내가 생명의 관을 네게 주리라" 계 2:10

신앙생활에 있어서 완성이란 없습니다. "이 정도면 됐지"라는 수준은 있을 수 없습니다. 그리스도인의 삶은 마지막 날까지 예수 그리스도의 온전하심을 더욱 닮아가는 삶입니다. 성도들과 교회를 사랑하시는 하나님께서는 그들에게 충성을 요구하시며, 더불어 생명의 면류관을 약속하십니다.

세 번째는 니골라당의 교훈에 빠져버린 버가모교회입니다.

"이와 같이 네게도 니골라 당의 교훈을 지키는 자들이 있도다 그러므로 회개하라 그리하지 아니하면 내가 네게 속히 가서 내 입의 검으로 그들과 싸우리라" 계 2:15-16

버가모에서는 이방 종교의 제의들이 번창했습니다. 니골라당의 주장에 관해 알려진 바가 그리 많지는 않지만, 이들은 자기들이 그리스도인으로서 이 땅의 일들에는 구애받지 않는다고 생각했습니다. 음행을 행하고 우상의 제물을 먹어도 그것이 신앙에는 아무런 해가 되지 않는다고 주장했던 것입니다. 그러한 흐름에 휩쓸리지 않기 위해 버가모교회에는 더욱 신실한 믿음이 요구되었습니다.

네 번째는 우상숭배와 부도덕을 허용한 두아디라교회입니

다. 두아디라에는 오래 전 바알 숭배를 이스라엘에 들여왔던 이세벨처럼 자칭 선지자라 하는 여자 이세벨이 성도들을 꾀어 행음하게 하고 우상의 제물을 먹게 했습니다. 이런 내적인 위험을 안고 있는 두아디라교회를 향해서는 깊은 회개와 죄악에서의 단절이 강조되고 있습니다. 하지만 하나님께서는 또한 이미 받은 복음을 굳게 잡고 끝까지 지키는 자에게는 만국을 다스리는 새벽 별 같은 권세가 주어질 것이라고 약속하십니다.

"다만 너희에게 있는 것을 내가 올 때까지 굳게 잡으라 이기는 자와 끝까지 내 일을 지키는 그에게 만국을 다스리는 권세를 주리니 그가 철장을 가지고 그들을 다스려 질그릇 깨뜨리는 것과 같이 하리라 나도 내 아버지께 받은 것이 그러하니라 내가 또 그에게 새벽 별을 주리라" 계 2:25-28

다섯 번째는 사데교회입니다. 사데교회를 향한 하나님의 말씀은 무섭기까지 합니다. 하나님께서는 "내가 네 행위를 아노니 네가 살았다 하는 이름은 가졌으나 죽은 자로다" 계 3:1 라고 말씀하십니다. 사데교회에서 믿음의 행위를 찾지 못하신 하나님께서는 그들에게 회개를 요구하십니다. 우리의 모습 속에는 사데교회의 모습이 없는지 돌아보아야겠습니다. 하나님께 내어 드릴 만한 믿음의 행위가 내게 있습니까? 믿음의 합당한 열매로 하나님과 이웃을 기쁘시게 하는 삶을 살아야 할 것입니다.

여섯 번째는 말씀을 지키며 배반치 않았던 빌라델비아교회입니다.

> "네가 나의 인내의 (   )을 지켰은즉 내가 또한 너를 지켜 시험의 때를 면하게 하리니 이는 장차 온 세상에 임하여 땅에 거하는 자들을 (   )할 때라 내가 속히 오리니 네가 가진 것을 굳게 잡아 아무도 네 (   )을 빼앗지 못하게 하라" 계 3:10-12

빌라델비아교회는 칭찬을 받고 있습니다. 그들은 적은 능력을 가졌지만, 주의 말씀을 잘 지키며 어떠한 환난과 핍박 속에서도 예수 그리스도의 이름을 배반하지 않았기 때문입니다. 그들에게는 시험의 때가 면해지는 복이 주어졌습니다. 빌라델비아교회는 그 복을 굳게 잡아 마지막 날 면류관을 받을 때까지 흔들리지 않는 믿음을 지켜내야 할 과제를 받았습니다.

일곱 번째는 미지근한 상태에서 벗어나야 할 라오디게아교회입니다. 부요한 도시 라오디게아에 있는 교회는 미지근하다는 책망을 받습니다. 계 3:15-16, 19 또한 그들은 자신들이 부자라서 부족한 것이 없다고 생각하지만, 하나님께서는 그들이 '곤고하고 가련하고 가난하고 눈멀고 벌거벗은' 자라고 말씀하십니다. 사람을 진정으로 부요하게 하는 것은 눈에 보이는 물질이 아니라, 오직 예수님과의 신실한 관계 맺음에 있기 때문입니다.

미지근한 신앙에 머무른 채 확실한 믿음의 선택을 주저하는 라오디게아 성도들에게 성령께서는 예수님이 곧 다시 오시리라는 사실을 기억하라고 촉구하십니다. 그분이 우리에게 찾아오실 그 순간을 기대하며 오늘의 한순간 한순간을 믿음으로 채워가야 할 것입니다.

이러한 일곱 교회의 모습은 어찌 보면 인류가 신앙생활을 시작하던 때부터 지금까지 늘 존재하는 양상들이라고 할 수 있습니다. 이 일곱 가지 모습에 들지 않는 인생을 과연 어디에서 찾아볼 수 있을까요. 그러나 이렇게 여러 가지 신앙의 모습을 들추어내시는 것은 단순히 책망하고 질책하여 징계를 내리기 위한 것이 아닙니다. 도리어 지금의 책망받을 만한 모습에서 돌이켜, 고난을 극복하게 하는 데에 그 목적이 있으셨습니다.

하나님께서 이 모든 권면 끝에 말씀하십니다. "무릇 내가 사랑하는 자를 책망하여 징계하노니 네가 열심을 내라." "귀 있는 자는 성령이 교회들에게 하시는 말씀을 들을지어다." 결국, 성령께서는 우리가 승리할 수 있도록 칭찬과 책망으로 함께하고 계시는 것입니다. 우리를 승리케 하시기 위해 역사하시는 성령의 권면을 들으십시오. 책망조차도 사랑의 산물임을 알 수 있는 것, 이것이 바로 하나님의 마음의 숲을 보는 데서 오는 행복입니다.

보석찾기 ○●●

아시아 일곱 교회에 보내어진 성령의 계시는 그 시대뿐만 아니라 오고 오는 교회와 성도들에게 주시는 성령의 권면이라 할 수 있습니다. 하나님께서 요한에게 이 성령의 계시를 주시며 각 교회에 전하라 하신 목적은 무엇입니까?

마음나누기 ○●●

하나님께서는 서머나 교인들을 향해서 죽도록 충성하라고 요구하십니다. 하나님께서 당신에게 그렇게 요구하신다면 그에 대한 당신의 대답은 무엇입니까?

기도 ○●●

사랑이 충만하신 하나님, 주님의 교훈과 책망에 귀를 기울여 주님께서 원하시는 성도로 변화되어가길 원합니다. 세상의 풍조에 물들지 아니하고 환난 속에서도 믿음을 지켜냄으로써, 최후 승리의 면류관을 얻게 하옵소서.

숲이야기 2

우리 안에 있는 승리의 환상

요한계시록 4-20장

나무 237 오직 한 분을 위한 노래 계 4–5장

나무 238 생각보다 가까이 있는 미래 계 6–15, 19–20장

나무 239 위로와 격려의 메시지 계 16–18장

나무 237

오직 한 분을 위한 노래

계 4-5장

찬양

찬송가 – 37장 · 주 예수 이름 높이어
찬　양 – 우리 보좌 앞에 모였네

기도

이 시간, 말씀을 통독하는 가운데 하나님의 마음과 뜻을 깨달아 알 수 있도록 지혜를 주옵소서.

마음열기

오직 한 사람을 위한 노래를 불러본 적이 있습니까?

함께읽기

함께 요한계시록 4장을 읽어봅시다.

친해지기

사도 요한이 환상을 통해 본 하나님의 보좌 주변에는 네 생물과 24장로들이 있었습니다. 그들은 밤낮으로 찬양을 드렸는데, 그 찬양의 대상과 내용은 무엇입니까?

하늘에서 요한에게 올라오라고 명하시는 음성이 들립니다. 요한은 성령에 감동되어 놀라운 장면을 보게 됩니다. 이 장면은 예수님께서 다시 오셨을 때를 묘사한 것이 아닙니다. 요한이 하나님의 환상을 받았을 당시, 요한이 본 하나님 보좌의 모습을 기록하고 있습니다.

요한이 본 하늘에는 십자가에서 죽으시고 부활하셔서 하늘로 올라가신 이가 보좌에 앉으셨고, 그 주변에는 네 생물과 24장로들이 있습니다. 그들은 밤낮 쉬지 않고 하나님께 찬양을 드리고 있습니다. 네 생물만이 아니라 24장로들도 하나님께 찬양을 드리고 있습니다.

"그 생물들이 보좌에 앉으사 세세토록 살아 계시는 이에게 영광과 존귀와 감사를 돌릴 때에 이십사 장로들이 보좌에 앉으신 이 앞에 엎드려 세세토록 살아 계시는 이에게 경배하고 자기의 관을 보좌 앞에 드리며 이르되 우리 주 하나님이여 영광과 존귀와 권능을 받으시는 것이 합당하오니 주께서 만물을 지으신지라 만물이 주의 뜻대로 있었고 또 지으심을 받았나이다 하더라" 계 4:9-11

αΩ 원어해설

프로스퀴네오 προσκυνέω
: 경배하고 (계 4:10) / 이 말은 '…을 향하여'란 뜻을 지닌 '프로스'와 '입 맞추다'라는 뜻을 지닌 '퀴네오'에서 유래한 말로 '…을 향하여 입을 맞추다', 여기에서 나아가 '경의를 표하다', '경배하다'란 뜻으로 사용되었다. 이 말은 하나님께 경배 드리기 위해서 바닥에 무릎을 꿇고 엎드려 절하는 자세를 취하는 것을 의미한다.

보좌에 앉으신 하나님의 오른손에는 일곱 인으로 봉한 두루마리가 있습니다. 천사가 누가 그 두루마리를 펴고 인을 떼기에 합당하냐고 물으나, 이 세상의 그 누구도 그 두루마리를 펴거나 볼 수 있는 사람이 없습니다. 그 누가 하나님의 섭리와 계획을 완전히 이해할 수 있겠습니까? 책을 펴기에 합당한 자가 없자, 요한 사도가 웁니다. 그러나 장로 중에 하나가 "다윗의 뿌리가 이기었으니 두루마리와 그 일곱 인을 떼시리라"라고 말합니다. 그 다윗의 뿌리는 바로 하나님의 어린 양 예수 그리스도이십니다. 그분만이 일곱 인을 떼시기에 합당하신 분입니다.

지혜창고

어린 양 찬양 / 하나님 보좌에 앉으신 어린 양과 하나님께 주어지는 찬미의 노래 소리가 아름답다. 세상의 보좌를 향한 찬미가 아니라 오직 역사의 주관자이신 하나님과 어린 양 예수에게 보내는 찬양은 웅장하다. 역사의 주관자요, 교회의 주인이신 어린 양 예수님을 보여주는 것이다.

> "그들이 새 노래를 불러 이르되 두루마리를 가지시고 그 (　　　　　)을 떼기에 합당하시도다 일찍이 죽임을 당하사 각 족속과 방언과 백성과 나라 가운데에서 사람들을 (　　　) 로 사서 하나님께 드리시고 그들로 우리 하나님 앞에서 나라와 (　　　　　　　)들을 삼으셨으니 그들이 땅에서 왕 노릇 하리로다 하더라" 계 5:9-10

네 생물과 이십사 장로들이 찬양합니다. 모든 사람의 생명의 비밀을 풀 수 있는 유일한 분, 봉인을 떼시기에 합당한 거룩하신 분, 오직 그 한 분만이 세세토록 영광과 찬송을 받으시기에 합당하십니다.

보석찾기 ○●●

요한계시록 4-20장에는 찬양의 이야기가 많이 기록되어 있습니다. 세 가지 정도만 찾아 적어봅시다.

마음나누기 ○●●

당신이 가장 즐겨 부르는 찬양은 무엇입니까? 그 찬양을 좋아하고 즐겨 부르게 된 계기나 이유도 함께 이야기해 봅시다.

기도 ○●●

찬송을 받으시기에 합당하신 하나님, 영광과 존귀와 찬양을 오직 주님께만 올려드리기 원합니다. 저희의 삶이 어떤 상황에 처하든지, 생명의 주인 되신 주님을 향해 늘 기뻐하게 하옵소서. 지금까지 지내온 모든 시간을 감사의 제목으로 생각하고, 다가올 내일도 믿음으로 기대하며 살아가는 기쁨의 자녀가 되게 하옵소서.

나무 238

생각보다 가까이 있는 미래

계 6-15, 19-20장

찬양 **찬송가 –** 167장 · 주 예수의 강림이
찬　양 – 주님 나라 임하시네

기도 이 시간, 말씀을 통독하는 가운데 하나님의 마음과 뜻을 깨달아 알 수 있도록 지혜를 주옵소서.

마음열기 마지막 때가 가까워 올수록 그리스도인들에게 더욱더 요구되는 덕목이나 자세는 무엇이라고 생각합니까?

함께읽기 함께 요한계시록 7장을 읽어봅시다.

친해지기 하나님의 천사들이 하나님의 종들과 그 외의 사람들을 구분하는 방법은 무엇입니까?

요한계시록 6장부터는 요한이 본 미래에 관한 환상들이 길게 이어지고 있습니다. 이 일들은 우리의 생각보다 가까운 곳에 있습니다. 단지 물리적인 시공(時空)에 있어 가깝다는 것이 아니라, 하나님의 역사 경영이 우리의 생각보다 훨씬 더 구체적이고 현실적이라는 것입니다.

요한계시록 전반에 걸쳐 '7'이라는 숫자가 자주 등장합니다. 마침내 어린 양이 심판을 부르는 일곱 봉인을 떼기 시작합니다. 봉인이 하나씩 떼어질 때마다 거대한 규모의 환란이 몰아칩니다. 대체로 첫째 인은 전쟁을, 둘째 인은 내란을, 셋째 인은 기근을, 넷째 인은 역병을, 다섯째 인은 종교적 박해를, 여섯째 인은 천지 이변을 상징하는 것으로 봅니다. 봉인이 떼어져 온 세계가 환란 가운데 놓이나 그 권세를 막을 자가 없습니다.

심판 날의 사건들이 연속해서 기록되다가 여섯째 봉인과 일곱째 봉인 사이에서는 하나님의 백성들의 모습이 그려지고 있습니다. 하나님의 천사들이 하나님의 백성들을 찾아 그들의 이마에 인을 찍기 위한 준비 작업이 한창입니다. 세상을 해롭게 할 권세를 얻은 악의 세력과 그들로부터 임하게 될 모든 환난 중에서, 하나님을 따르는 사람들을 구별하기 위한 표식입니다. 이것은 마지막 날에 하나님께서 그의 백성들을 돌보시는 사랑의 증표요, 그리스도인의 믿음에 대한

하나님의 계획

일곱째 인 / 일곱째 인이 떼어지자 이제까지의 모든 재앙을 능가하는 죽음의 재앙이 펼쳐지고 있다. 땅, 하늘, 새, 짐승, 사람을 비롯한 그 무엇도 이 죽음의 회오리를 피해갈 수 없다. 준비된 일곱 천사가 각각 가진 나팔을 꺼내 길게 불 때마다 재앙이 닥쳐오고 세상에는 비명소리가 가득하다. 하나님께서 인간들을 향해 아낌없는 사랑을 베풀기도 하시지만, 그 사랑의 크기만큼, 하나님을 외면하고 어리석게 살아가는 이들에게 내리시는 심판도 크다. 거룩하시고 공의로우신 하나님이기 때문이다. 지혜로운 이는 하나님을 인정하며 경외하는 자요(잠 1:7), 미련하고 어리석은 자는 하나님이 없다고 제멋대로 사는 자이다(시 14:1). 지혜로운 삶과 어리석은 삶의 결과는 마지막 날 확연히 드러날 것이다.

응답입니다. 구절마다, 행간마다 배어 있는 하나님의 깊은 사랑이 느껴집니다.

이스라엘 온 지파에서 인 맞은 자의 수가 십사만 사천 명입니다. 각 나라와 족속과 백성과 방언에서 수를 헤아릴 수 없을 정도로 큰 무리가 흰 옷을 입고 종려 가지를 들고 나아와 큰 소리로 찬양합니다. 인침을 받은 하나님의 백성들의 외침에 모든 천사가 화답합니다. 그들의 외치는 소리를 상상만 해도 장대함이 느껴집니다.

"이 일 후에 내가 보니 각 나라와 족속과 백성과 방언에서 아무도 능히 셀 수 없는 큰 무리가 나와 흰 옷을 입고 손에 종려 가지를 들고 보좌 앞과 어린 양 앞에 서서 큰 소리로 외쳐 이르되 구원하심이 보좌에 앉으신 우리 하나님과 어린 양에게 있도다 하니" 계 7:9-10

이어 일곱째 인이 떼어질 때의 상황이 기록됩니다. 일곱째 인이 떼어지고 처음 반 시간은 폭풍전야처럼 고요하기만 합니다. 그러나 그 고요함은 뒤이어 올 큰 재앙의 전조입니다.

> "일곱째 인을 떼실 때에 하늘이 반 시간쯤 고요하더니 내가 보매 하나님 앞에 일곱 천사가 서 있어 일곱 나팔을 받았더라 또 다른 천사가 와서 제단 곁에 서서 금 향로를 가지고 많은 향을 받았으니 이는 모든 성도의 (　　　　　)와 합하여 보좌 앞 금 제단에 드리고자 함이라 향연이 성도의 기도와 함께 천사의 손으로부터 하나님 앞으로 올라가는지라 천

사가 향로를 가지고 제단의 (   )을 담아다가 땅에 쏟으매 우레와 음성과 번개와 지진이 나더라 일곱 나팔을 가진 일곱 천사가 (   ) 불기를 준비하더라" 계 8:1-6

일곱째 인은 일곱 나팔로 이어지고 준비된 일곱 천사가 일곱 개의 나팔을 붑니다. 일곱 천사가 각각 나팔을 불 때마다 세상에는 재앙이 닥쳐옵니다.[계 8-9장] 첫 번째 나팔을 부니 피가 섞인 우박과 불이 땅의 1/3을 태웁니다. 두 번째 나팔을 부니 바다의 1/3이 피가 됩니다. 세 번째 나팔을 부니 쓴 쑥이라는 이름의 별이 하늘에서 떨어져 물의 1/3이 쓰게 됩니다. 네 번째 나팔을 부니 해와 달 그리고 별의 1/3이 어두워져서 낮과 밤의 1/3이 빛이 없어집니다. 다섯 번째 나팔을 부니 하늘에서 떨어진 별 하나가 무저갱을 엽니다. 무저갱에서 올라온 황충은 사람을 해하는 권세를 받아, 인을 맞지 않은 사람들을 괴롭게 합니다. 여섯 번째 나팔을 부니 불, 연기, 유황의 재앙으로 사람의 1/3이 죽임을 당합니다.

지혜창고

일곱 나팔 / 일곱째 인에 담겨진 비밀, 그것은 죽음이었다. 천사들의 나팔이 울릴 때마다 세상에는 고통의 그림자가 짙게 드리워졌고, 죽음조차 자신이 원하는 대로 이루어지지 않는다. 살인과 복술과 음행과 도적질을 제 마음대로 행하던 자들이 심판으로 인한 고통을 피하기 위해 죽음을 선택하려 해도 마음대로 죽을 수도 없는 심판의 날이다.

인생의 숲에서 볼 때 삶의 시작도, 끝도 마음대로 할 수 없는 것임을 깨닫고 생명의 창조자이시며 인생의 주관자이신 하나님 앞에서 겸손하게 사는 것이 복 중의 복이요, 은혜 중의 은혜이다.

이 어두운 세상 역사 속에도 하나님의 오래 참으심과 긍휼이 차고 넘칩니다. 교회가 세상 환란 가운데에서 괴로움을 당하나, 그 안에는 믿음의 역사, 순교의 역사가 함께 있습니다. 택하신 성도들에 대한 하나님의 은혜는 마지막 때까지 변함없이 이어져 갑니다.

요한계시록 12장에는 하나님의 대적자들이 등장합니다. 용으로 대변되는 대적자들은 하나님의 계획에 따라 만국을 다스릴 아기를 훼방하기도 하고, 해산한 여인을 핍박하기도 합니다. 하나님께서는 천사들을 보내셔서 훼방자들을 하늘에서 땅으로 내어 쫓아내십니다. 용으로부터 세상의 권세를 건네받은 짐승이 온 세상을 미혹시킵니다. 그 짐승은 사람들을 유혹하고, 때로는 힘으로 억압하며 땅에 남은 하나님의 사람들을 핍박할 것입니다.

그러나 세상의 모든 사람들이 짐승의 권세 아래 놓여 그를 경배하고 따를 때에라도 하나님께서 택하신 사람들만은 믿음을 지켜야 할 것입니다. 마지막 때에 성도들에게 요구되는 가장 큰 덕목은 인내입니다. 이는 단순히 자신의 견해와 지식을 고집하는 자세를 가리키는 것이 아니라, 세상의 유혹의 손길에 대해서 단호하게 물리치며 믿음의 순결을 지키는 자세를 말합니다. 눈에 보이는 가시적인 정욕과 물질적인 탐욕의 유혹이 두드러지는 악한 시대 속에서 거룩하게 구별된 생활을 한다는 것이 결코 쉬운 일은 아니지만, 우리들은 성경을 통해 믿음을 지키며 끝까지 인내하는 성도들에게 주어질 참된 복을 기대할 수 있습니다.

보석찾기 ○●●

인침을 받은 십사만 사천 명의 성도들이 어린 양의 보좌 앞에서 새 노래를 부릅니다. 그 십사만 사천 명은 어떤 사람들이며, 그들의 노랫소리는 어떻게 묘사되고 있는지 요한계시록 14장 1-5절에서 찾아 적어봅시다.

마음나누기 ○●●

모든 성도들의 기도는 금 향로에 담긴 향연과 함께 천사들에 의해 하나님 앞에 올라갑니다.[계 8:3-4] 이 사실을 기억하며 기도하고 있습니까? 당신의 기도 생활과 기도 언어에 대해 되돌아봅시다.

기도 ○●●

지금까지의 삶이 주님의 은혜와 사랑으로 이루어진 것을 믿고 감사드립니다. 영원히 주님 앞에 찬양을 올려드리는 기쁨의 그날이 멀지 않음을 믿고 기다리며, 험난한 세상 속에서도 늘 흔들림 없는 믿음으로 굳건히 서게 하옵소서.

나무 239

위로와 격려의 메시지

계 16-18장

찬양

찬송가 – 544장 · 잠시 세상에 내가 살면서
찬　양 – 주와 죽으면 주와 함께 살겠네

기도

이 시간, 말씀을 통독하는 가운데 하나님의 마음과 뜻을 깨달아 알 수 있도록 지혜를 주옵소서.

마음열기

지금까지 들은 위로와 격려의 말 중에서 가장 기억에 남는 말은 무엇입니까?

함께읽기

함께 요한계시록 16장을 읽어봅시다.

친해지기

진노의 일곱 대접의 심판을 내리시는 하나님을 향해 천사가 의로운 심판임을 노래합니다. 그 심판을 받는 사람들은 어떤 사람들인지 찾아 적어봅시다. 계 16:6, 9, 11

말씀의 숲길로 ○●●

일곱 봉인, 일곱 나팔을 지나 일곱 대접에 이를수록 심판에 따른 재앙은 점점 확대되고 있습니다. 마지막 나팔 소리와 함께 주께서 강림하시면 공중에서 주를 영접하게 될 성도들에게 왜 그 이후에 일어날 엄청난 재앙을 알려주시는 것일까요? 하나님께서는 자신의 독생자를 내어주시기까지 인간을 향한 아낌없는 사랑을 베풀기도 하시지만, 동시에 하나님을 외면하고 죄 가운데 빠져 어리석게 살아가는 이들을 심판하시는 분이십니다.

당시 그리스도인들에게 로마 제국의 박해는 견디기 어려운 것이었습니다. 믿음을 지켜나간다는 것이 때론 죽음을 각오해야 할 만큼 힘든 일이었습니다. 그런 그들에게 하나님께서 반드시 악의 세력을 심판하시리라는 환상은 믿음을 지키는 성도들에게 위로와 격려가 될 수 있었습니다. 세상이 칼과 무력으로 교회를 박해할 때, 끝까지 믿음을 지켰던 성도들의 아름다운 신앙이 우리의 신앙을 되돌아보게 합니다.

이제 드디어 일곱 천사들이 하나님의 진노가 가득히 담긴 일곱 대접을 준비하여 차례로 땅에 쏟아놓습니다.[계 16장] 첫째 대접을 쏟으니 짐승의 표를 받은 사람들과 그 우상에게 경배한 자들에게 독종이 생깁니다. 둘째 대접을 쏟으니 바다가 죽은 자의 피같이 되어 바다의 모든 생물이 죽습니다. 셋째 대접을 쏟으니 강과 물 근원이 피가 되었습니다.

"셋째 천사가 그 대접을 강과 물 근원에 쏟으매 피가 되더라 내가 들으니 물을 차지한 천사가 이르되 전에도 계셨고 지금도 계신 거룩하신 이여 이렇게 심판하시니 의로우시도다 그들이 성도들과 선지자들의 피를 흘렸으므로 그들에게 피를 마시게 하신 것이 합당하니이다 하더라 또 내가 들으니 제단이 말하기를 그러하다 주 하나님 곧 전능하신 이시여 심판하시는 것이 참되시고 의로우시도다 하더라" 계 16:4-7

넷째 대접을 쏟으니 해가 사람들을 태웁니다. 다섯째 대접을 쏟으니 사람들이 병과 종기로 신음하며 회개하지 않습니다. 여섯째 대접을 쏟으니 강물이 말라 동방에서 오는 왕들의 길이 예비됩니다. 그리고 일곱째 대접이 쏟아지기 전, 하나님을 대적하는 임금들이 모입니다. 일곱째 대접이 쏟아지니 큰 지진이 나고 큰 성 바벨론이 무너집니다.

큰 음녀로 표현되는 바벨론 왕국은 역사 속에서 하나님의 백성 남유다를 완전히 멸망시켰던 나라입니다. 그러나 그들은 하나님의 공의의 저울에 달렸고, 결국 세계의 무대에서 사라져 버린 나라가 되었습니다.

"또 일곱 대접을 가진 일곱 천사 중 하나가 와서 내게 말하여 이르되 이리로 오라 많은 물 위에 앉은 큰 음녀가 받을 심판을 네게 보이리라 땅의 임금들도 그와 더불어 음행하였고 땅에 사는 자들도 그 음행의 포도주에 취하였다 하고 곧 성령으로 나를 데리고 광야로 가니라 …… 그 여자는 자주

빛과 붉은 빛 옷을 입고 금과 보석과 진주로 꾸미고 손에 금잔을 가졌는데 가증한 물건과 그의 음행의 더러운 것들이 가득하더라 그의 이마에 이름이 기록되었으니 비밀이라, 큰 바벨론이라, 땅의 음녀들과 가증한 것들의 어미라 하였더라" 계 17:1-5

여기에서 등장하는 바벨론은 하나님을 정면으로 대적하는 모든 왕국을 의미한다고 봐야 할 것입니다. 그리스도인들에게는 기독교를 핍박하는 로마도 결국은 망할 것이라는 메시지로 다가왔을 것입니다. 땅의 임금이 온 세상의 권세를 다 가진 것처럼 보이지만 그 역시 최후에는 하나님의 심판의 대상입니다. 세계를 뒤흔드는 것 같은 악한 세력과 싸워서 마침내 승리하실 분이 계십니다. 바로 어린 양이신 예수 그리스도이십니다.

> "그들이 어린 양과 더불어 싸우려니와 (   )은 만주의 주시요 만왕의 (   )이시므로 그들을 이기실 터이요 또 그와 함께 있는 자들 곧 부르심을 받고 택하심을 받은 진실한 자들도 (   )" 계 17:14

당시 성도들은 기독교를 박해하며 멸절시키려 하는 세력 아래에서 힘겨운 신앙생활을 하고 있었습니다. 그러나 하나님을 훼방하는 사탄은 무저갱에 던져져 천 년 동안 인봉될 것이요, 악의 근원이 사로잡힌 그때에 하나님의 백성들은 예수 그리스도와 더불어서 천 년 동안 왕노릇 할 것입니다. 또

한 천 년이 흐르고 난 후 사탄은 불과 유황 못에 던져져 세세토록 괴로움을 받을 것입니다. 사탄의 권세는 결국 하나님의 심판 앞에 무력해질 것이며 결국에는 하나님의 통치하심이 이루어질 것입니다.

사탄만이 하나님의 심판을 받는 것이 아닙니다. 모든 인간 역시 심판을 피할 수 없습니다.계 20:12-13 사탄의 권세를 따르는 자이든, 세대가 험악해도 신실한 믿음을 지키는 자이든, 모든 인간은 죽음을 피할 수 없습니다. 또한 죽음 후에는 정하신 이치대로 심판이 기다리고 있습니다. 심판의 근거는 사람들의 모든 행위가 빠짐없이 기록된 '책들'입니다. 자기 행위가 기록되는 책으로 심판받을 것을 기억한다면, 비록 힘겨운 상황 속에서도 성도들은 인내하며 신앙을 지켜나갈 수 있을 것입니다.

믿음을 포기하지 않고 인내한다면, 하나님의 통치가 임하는 시대가 곧 올 것입니다. 악이 비록 성하여도 진리는 살아 영원하다는 믿음은 말씀을 강하게 붙들게 하는 힘입니다.

보석찾기 ○ ● ●

바벨론으로 상징되는 하나님의 대적자들은 결국 하나님의 공의의 심판을 받아 멸망할 것입니다. 이때 하나님께서 당신의 백성들에게 주시는 말씀은 무엇인지 요한계시록 18장 4절과 20절을 찾아 적어봅시다.

마음나누기 ○ ● ●

악한 세력들을 향한 하나님의 심판의 메시지를 읽으며 당신은 어떤 위로와 격려를 얻었습니까? 공의로우신 하나님을 향한 찬양과 감사의 고백을 글로 적어봅시다.

기도 ○ ● ●

만왕의 왕 되시는 하나님, 세상의 조류가 하나님을 대적하고 성도들을 핍박한다 할지라도 하나님께서 구원받을 성도들을 끝까지 지키시고 보호하심을 믿습니다. 그 믿음 안에서 마지막 때의 환난을 견뎌내는 주의 군사들이 되게 하옵소서.

숲이야기 3

만물에 깃든 하나님의 기쁨

요한계시록 21-22장

나무 240 만물에 깃든 하나님의 기쁨 계 21-22장

나무 240

만물에 깃든 하나님의 기쁨

계 21-22장

찬양

찬송가 – 168장 · 하나님의 나팔소리
찬　양 – 사막에 샘이 넘쳐 흐르리라

기도

이 시간, 말씀을 통독하는 가운데 하나님의 마음과 뜻을 깨달아 알 수 있도록 지혜를 주옵소서.

마음열기

당신은 새 하늘과 새 땅을 향한 소망을 안고 오늘을 살고 있습니까? 진정으로 그렇습니까?

함께읽기

함께 요한계시록 21장을 읽어봅시다.

친해지기

요한의 눈에 비친 하늘나라의 모습은 모든 성도들이 꿈꾸고 소망하는 나라로서 전혀 손색이 없는 모습입니다. 본래의 하늘과 땅이 없어진 후 나타난 새 예루살렘의 모습을 성경은 어떻게 묘사하고 있습니까?

말씀의 숲길로 ○●●

"보좌에 앉으신 이가 이르시되 보라 내가 만물을 새롭게 하노라 하시고 또 이르시되 이 말은 신실하고 참되니 기록하라 하시고 또 내게 말씀하시되 이루었도다 나는 알파와 오메가요 처음과 마지막이라 내가 생명수 샘물을 목마른 자에게 값없이 주리니 이기는 자는 이것들을 상속으로 받으리라 나는 그의 하나님이 되고 그는 내 아들이 되리라" 계 21:5-7

하나님의 **계획**

창세기와 요한계시록 / 요한계시록 21~22장은 타락이 존재하지 않는 새로운 창세기라고 할 수 있다.

"내가 만물을 새롭게 하노라." 과연 세상의 어느 누가 이런 말을 할 수 있겠습니까? 오직 하나님 한 분만이 만물을 새롭게 하실 수 있습니다. 하나님께서 아름답게 지으신 작품인 새 예루살렘의 광경이 펼쳐집니다. 요한이 보기에 새 예루살렘은 마치 신부가 신랑을 위하여 단장한 것 같은 정도였습니다. 계 21:2 이 광경은 허상이 아니라 장차 일어날 실재입니다. 태초에 천지를 창조하시고 기뻐하셨던 하나님의 그 마음이 온전히 성취되고 회복되는 순간입니다. 이 온갖 우주 만물에 깃든 하나님의 기쁨을 상상할 수 있으십니까?

"내가 들으니 보좌에서 큰 음성이 나서 이르되 보라 하나님의 장막이 사람들과 함께 있으매 하나님이 그들과 함께 계시리니 그들은 하나님의 백성이 되고 하나님은 친히 그들과 함께 계셔서 모든 눈물을 그 눈에서 닦아 주시니 다시는 사망이 없고 애통하는 것이나 곡하는 것이나 아픈 것이 다시 있지 아니하리니 처음 것들이 다 지나갔음이러라" 계 21:3-4

소망은 우리 안에서 만들어지는 것이 아닙니다. 하나님께서 주시는 언약, 즉 어린 양 예수 그리스도께서 이 땅에 오셔서 모든 것을 새롭게 하신다는 약속에서 시작되는 것입니다. 하나님께서 요한계시록의 마지막 부분에 보여주시는 새 하늘과 새 땅에 대한 예언은 이미 구약의 예언자들을 통해 주셨던 환상입니다.사 65:17-25

메시지

새 하늘과 새 땅을 바라보는 삶 / 하나님을 사랑하는 사람들은 그 삶의 순간순간 자체가 행복이다. 새 하늘과 새 땅을 바라보는 삶, 그것은 바로 예수님에 대한 믿음, 소망, 사랑을 근거로 하나님과 이웃을 사랑하는 삶이다.

"보라 내가 새 하늘과 새 땅을 창조하나니 이전 것은 기억되거나 마음에 생각나지 아니할 것이라 너희는 내가 창조하는 것으로 말미암아 영원히 기뻐하며 즐거워할지니라 보라 내가 예루살렘을 즐거운 성으로 창조하며 그 백성을 기쁨으로 삼고 내가 예루살렘을 즐거워하며 나의 백성을 기뻐하리니 우는 소리와 부르짖는 소리가 그 가운데에서 다시는 들리지 아니할 것이며"사 65:17-19

하나님께서는 이 오랜 약속을 반드시 지키실 것입니다. 하나님께서는 이렇게 정성들여 준비하신 선물을 들고 당신의 백성 된 자들과 함께하고 싶으신 것입니다. 더 나아가 그들의 깊은 시름과 한숨까지도 감싸 안아 주고 싶으신 것입니다. 하나님의 그 크신 사랑에 감동하지 않을 수 없습니다.

"성 안에서 내가 성전을 보지 못하였으니 이는 주 하나님 곧 전능하신 이와 및 어린 양이 그 성전이심이라 그 성은 해나 달의 비침이 쓸 데 없으니 이는 하나님의 영광이 비치고 어린 양이 그 등불이 되심이라 만국이 그 빛 가운데로 다니고 땅의 왕들이 자기 영광을 가지고 그리로 들어가리라 낮에 성문들을 도무지 닫지 아니하리니 거기에는 밤이 없음이라"

계 21:22-25

새 하늘과 새 땅, 그 곳 새 예루살렘에는 더 이상 볼 수 없는 것들이 있습니다. 성전이 그러하고, 해와 달도 그러합니다. 바로 하나님과 어린 양 되신 예수님께서 성전이 되실 뿐만 아니라, 영광으로 비취는 등불이 되시기 때문입니다. 이제 더 이상 하나님에 대한 비유나 상징은 필요 없습니다. 하나님에 대해서 오해하거나 모르는 척 할 수도 없습니다. 하나님께서 우리가 거하는 곳에 함께하시기 때문입니다. 하나님과 영원히 함께하는 삶, 그것이 천국의 기쁨입니다.

새 하늘과 새 땅을 지향하는 요한계시록의 마지막 이야기는 고난의 역사 속에서도 하나님의 약속과 희망을 지향한다는 성경 전체의 숲과 맞닿아 있습니다. 살아계신 하나님은 역사의 주권자이시며 심판자이십니다.

"또 그가 수정 같이 맑은 생명수의 강을 내게 보이니 하나님과 및 어린 양의 보좌로부터 나와서 길 가운데로 흐르더라 강 좌우에 ( )가 있어 열두 가지 열매를 맺되 달마다 그 열매를 맺고 그 나무 잎사귀들은 만국을 치료하기 위하여 있더라 다시 저주가 없으며 하나님과 그 어린 양의 보좌가 그 가운데에 있으리니 그의 종들이 그를 섬기며 그의 얼굴을 볼 터이요 그의 이름도 그들의 이마에 있으리라 다시 밤이 없겠고 등불과 ( )이 쓸 데 없으니 이는 주 하나님이 그들에게 비치심이라 그들이 세세토록 (   ) 하리로다" 계 22:1-5

이제 새 하늘과 새 땅의 아름다움이 눈부시게 빛납니다. 아름다운 도성이 보이고 있습니다. 하나님과 어린 양의 보좌와 그 보좌에서 흘러나오는 생명수가 주는 풍요로움이 넘칩니다. 창세 후 인간의 죄악으로 인해 금지되었던 생명나무가 다시금 인간에게 허락됩니다. 모든 것이 하나님의 창조 질서를 온전히 회복합니다. 고난을 이기고 승리한 성도들은 이곳에서 하나님의 영광을 보며 하나님의 권세를 가지고 존귀한 삶을 살게 될 것입니다. 하나님을 사랑하는 마음 하나로 신앙의 절개를 지킨 사람들에게, 하나님께서는 새 하늘과 새 땅의 새 나라를 선물로 주실 것입니다.

마지막으로 이 모든 것을 증거 하신 이가 말씀하십니다.
"내가 진실로 속히 오리라!"
우리는 기쁨으로 이렇게 화답합니다.
"아멘, 주 예수여 오시옵소서!"

보석찾기 ○●●

모든 성경말씀은 의로 교육하기에 유익합니다.딤후 3:16 이 말씀에 대한 또 다른 요한의 권면을 요한계시록 22장 18-19절에서 찾아 적어봅시다.

마음나누기 ○●●

마지막 때가 천년 후일지, 바로 내일일지 모릅니다. 그날을 꿈꾸며 살아가는 당신의 결심과 다짐을 적어봅시다.

기도 ○●●

처음과 끝이 되시는 하나님, 주님께서 오시기를 기대하는 가운데 하루하루를 마지막 날처럼 생각하며 살게 하소서. 비록 우리의 삶에 고난이 가득하고 슬픔이 있을지라도, 새 하늘과 새 땅을 사모하는 뜨거운 열정으로 오늘을 살아가는 힘과 용기를 얻게 하옵소서.

마지막 당부

예수님 "오직 성령이 너희에게 임하시면
너희가 권능을 받고
예루살렘과 온 유대와 사마리아와 땅 끝까지 이르러
내 증인이 되리라.
내가 세상 끝날까지 너희와 항상 함께 있으리라."

바울 "너는 때를 얻든지 못 얻든지 말씀을 전파하라.
내가 선한 싸움을 싸우고
나의 달려갈 길을 마치고 믿음을 지켰으니
이제 후로는 나를 위하여 의의 면류관이 예비되었느니라."

베드로 "주의 날이 도적같이 오리니,
하나님의 날이 임하기를 바라보고 간절히 사모하라.
주 앞에서 점도 흠도 없이 평강 가운데서 나타나기를 힘쓰라."

성경 "오라! 듣는 자도 오라. 목마른 자도 오라.
원하는 자는 값없이 생명수를 받으라.
누구든지 이 책의 예언의 말씀을 더하거나 빼지 말라.
내가 진실로 속히 오리라.
주 예수의 은혜가 모든 자들에게 있을지어다."

성경통독의 꿈

성경통독의 목적은 성경을 아는 것 자체나 하나님을 체험하는 것 자체에서 끝나면 안 됩니다. 성경통독은 하나님의 마음을 헤아리는 입구이자, 실천의 땀을 흘리는 장(場)으로 나아가는 출구여야 하기 때문입니다. 말씀을 통해 깨달은 하나님의 마음을 가슴에 품고 받음직한 섬김을 이루어내는 실천, 그 실천의 현장 속에서 성경의 구절구절들이 살아 역사하며, 우리의 능력이 되심을 경험할 수 있어야 합니다.

이 땅의 모든 그리스도인들이 성경을 통해 변화되고, 성경을 통해 새로운 인생을 시작하고, 성경을 통해 시대를 변화시킬 수 있는 사람으로 성숙하길 꿈꿉니다. 말씀을 통해 깨어있는 그리스도인들이 더욱 많아지고, 또 그런 그리스도인들이 이 세상 속에서 리더십을 발휘하며 섬김의 삶을 실천해가길 소망합니다. 한 번뿐인 인생을 하나님께서 기뻐하실 만한 삶으로 드리기 원하는 모든 그리스도인들과 이 성경통독의 꿈을 평생의 꿈으로 함께 꿔가길 소망합니다.

성경통독원
BibleTongdokWon

숲과나무 성경통독은
하나님의 마음을 따라
성경 66권 전체를 읽어가는 것입니다.

숲과나무 성경통독은
성경의 숲과 나무를 살펴
성경 66권 모두를 하나님의 말씀으로 받아들이는 것입니다.

숲과나무 성경통독은
세계 역사를 경영하시는 하나님의 손길을 확신하며
성경 역사의 흐름에 따라 체계적으로 성경의 숲을 보는 것입니다.

성경통독원은
올바른 성경통독 방법의 보급과 확산을 위해
이 시대 교회, 세계의 그리스도인들과 함께하고 있습니다.